Jesus the Teacher

WORD SEARCH

by
John Hudson Tiner

illustrations by Steve Hayes

Standard Publishing
Cincinnati, Ohio   2693

DEDICATION:

TO LAMBDA

ISBN 0-87403-049-8

INSTRUCTIONS

A selected passage from the Gospels (using the *King James Version)* is featured in each of these puzzles. Find the words by going forward, backward, up, down, or diagonally, but always in a straight line. Some of the words may be formed by being a part of another word.

As you solve these puzzles, you will be reminded of the wonderful teachings of Jesus.

IN THE TEMPLE

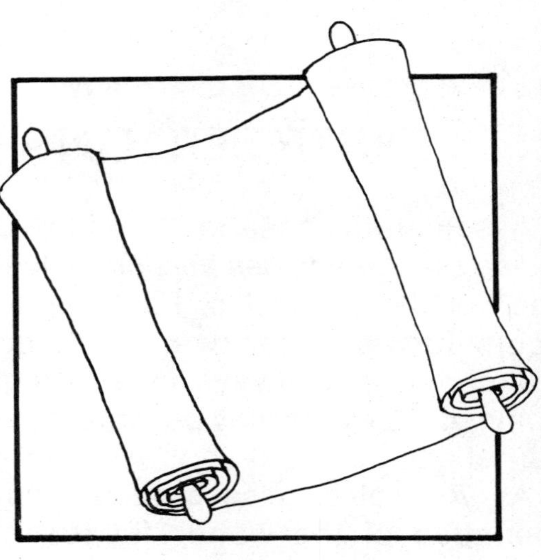

PARENTS	JERUSALEM	FEAST
PASSOVER	TWELVE	YEARS
RETURNED	CHILD	JESUS
JOSEPH	MOTHER	SOUGHT
AMONG	KINSFOLK	ACQUAINTANCE
FOUND	NOT	TURNED
BACK	SEEKING	TEMPLE
SITTING	MIDST	DOCTORS
HEARING	ASKING	QUESTIONS
ASTONISHED	ANSWERS	UNDERSTANDING
BUSINESS	ABOUT	FATHERS
AMAZED		

O S R O T C O D L R N M H O N E M A V E
R E T U R N E D Z N O J X W V N M U G D
B U S I N E S S O T K Q I Y U O S N M E
A N C S C O D T H C Y P O W N E I E F H
Z L Z N I K U E A A V Q A G V D L T A S
C T V C T R R B L K G Q P S N A G W T I
I S E C N A T N I A U Q C A S N X E H N
J D I E K H I F K H S D T U I O L L E O
O I D U G E E I S I L S R R A A V V R T
S M Y U L A N T T I R E A J D N A E S S
E O O P S S N T H E J E N E H S M Y R A
P S M T F E I C D P H L Z S X W A E Z B
H E L O R N S N O I T S E U Q E Z A S O
T Z L A G S U A S K I N G S O R E R F U
Q K P L Z O I K N P S A V Q R S D S Y T
T V C K F C T P V K S E E K I N G C X M

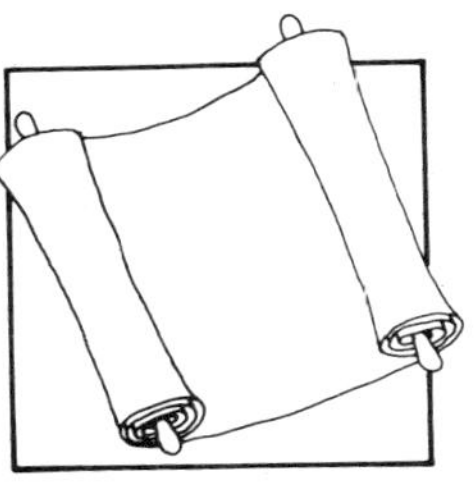

JESUS IS BAPTIZED

Matthew 3:13-17

JESUS	GALILEE	JORDAN
JOHN	BAPTIZED	FORBADE
SAYING	NEED	THEE
COMEST	ANSWERING	SAID
SUFFER	BECOMETH	RIGHTEOUSNESS
FULFIL	WENT	STRAIGHTWAY
WATER	HEAVENS	OPENED
SPIRIT	DESCENDING	LIKE
DOVE	LIGHTING	VOICE
BELOVED	SON	WHOM
WELL	PLEASED	

S R A Z S P Z V Z O D Z J O E T Q D W F
Y D P D F A S J G T E E H E T K K E U T
H P E S C B I N F J S C W C O D R S C R
W E N T T R I D B U O E I H L D G C S R
N E D A B R O F S E L R M O J E N E U N
F U V M E B A C C E C F D O V S I N F H
F G O W P A U I K D V O I A C A Y D F O
A H S X Y P P I G V E E M L N E A I E J
W N D T T T L X Z H E V D E T L S N R M
A M O I H I M O M L T E O R T P Z G T A
H V V R E Z H F I I N W V L T H Q N H S
Q W E I E E J L U E A C A R E T A W V X
N I A P V D A A P U J Q U Y S B H X A H
D A X S F G O O B N X L P E L L E W W F
N U S I Y B U J M A O T G N I T H G I L
R I G H T E O U S N E S S N E V A E H Y

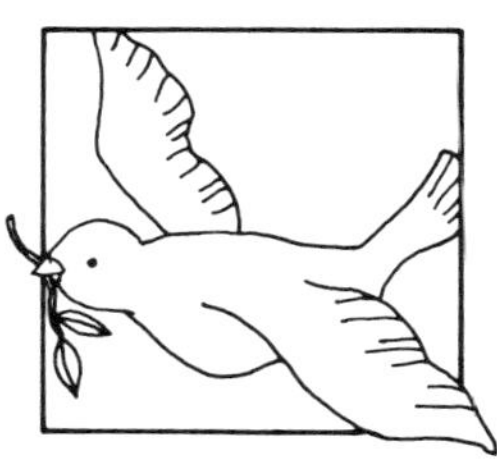

THE MARRIAGE AT CANA

John 2:1-12

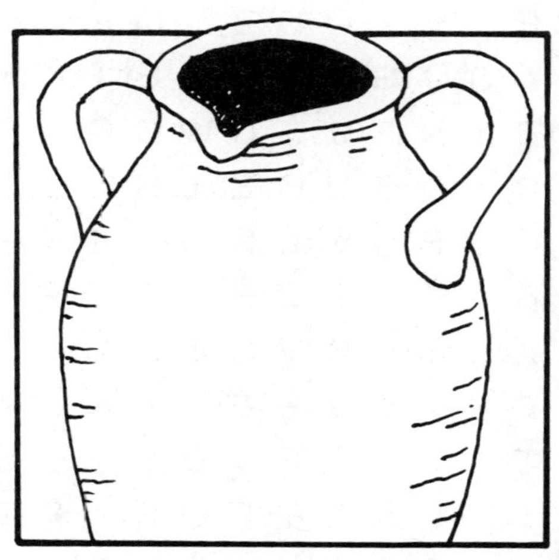

MARRIAGE	CANA	GALILEE
MOTHER	THERE	JESUS
CALLED	DISCIPLES	WANTED
WINE	WOMAN	MINE
HOUR	NOT	COME
SERVANTS	WHATSOEVER	SIX
WATERPOTS	STONE	MANNER
PURIFYING	FILL	BRIM
DRAW	GOVERNOR	FEAST
RULER	TASTED	BRIDEGROOM
BEGINNING	GOOD	DRUNK
WORSE	MIRACLES	MANIFESTED
GLORY		

B Z C K K Y D Y R E V E O S T A H W V I
J D J X O O R E K G W I N E R N W H G N
D E T V E C P R S D A P P E L Z A X N V
E T B Z V L O E O R P L L I E G T I I U
T S G R Z A L M S N O U I G U O E E N X
N A A N I P W Z E I R W P L A O R D N V
A T M T I D M A N I F E S T E D P S I M
W X M C E Y E F R D L K V P F E O U G I
M X S E T N F G O D X L M O H S T S E R
C I F G G H O I R H B R O W G B S E B A
D A N I R A E T R O O W T O E R Y J K C
V I L E L E I R S U O D H M A I R N N L
O N E L T L N R E R P M E A P M A X U E
W T S A E F V N R Y N X R N K N E I R S
G L O R Y D Z A A A S E R V A N T S D O
W X E N A Q K Z L M M I K C P S A V Q R

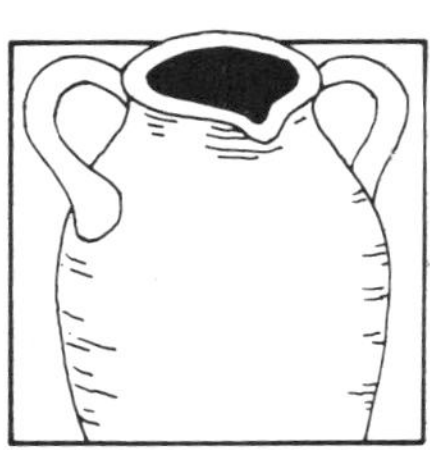

TWELVE APOSTLES CHOSEN

Mark 3:13-19

GOETH	MOUNTAIN	CALLETH
WHOM	WOULD	THEY
CAME	ORDAINED	TWELVE
SEND	FORTH	PREACH
POWER	HEAL	SICKNESSES
CAST	DEVILS	SIMON
SURNAMED	PETER	JAMES
ZEBEDEE	JOHN	BROTHER
BOANERGES	SONS	THUNDER
ANDREW	PHILIP	BARTHOLOMEW
MATTHEW	THOMAS	ALPHEUS
THADDEUS	CANAANITE	JUDAS
ISCARIOT	BETRAYED	

P J C C X M H F I B T W S S K F P F N G
J E T I N A A N A C O H O E J Z S H S M
O B F T L S R M C M F R O U N S L F S O
H O S F O E P A A K Y S D M L D I O U H
N A D N H O L T H O S A S A A D V R R W
C N S T W L T C N I S P N U I S E T N L
Z E O E E H A I C S I M O N E N D H A E
P R R T E E A K K Z A N C S C D E R M V
B G H W R T N T A L P H E U S N D D E L
V E R P N E O N H E A L V P T P V A D E
G S P U S I D E Y A R T E B D S K F H W
N G O S R R X P B A R T H O L O M E W T
S M E A E G O E T H E P H P I L I H P C
U S C W A F G B Z R K K Y E Y O W I N E
D S E M A J I Z E B E D E E Y C A M E A
I R R E D N U H T T V E Q P N D D B P P

JESUS THE HEALER

John 5:1-18

JERUSALEM	SHEEP	MARKET
POOL	HEBREW	TONGUE
BETHESDA	PORCHES	INFIRMITY
JESUS	KNEW	ANSWERED
WATER	TROUBLED	ANOTHER
BEFORE	RISE	WALK
IMMEDIATELY	MADE	WHOLE
TOOK	BED	SABBATH
JEWS	SAID	CURED
LAWFUL	CARRY	DEPARTED
PERSECUTE	SOUGHT	SLAY
FATHER	WORK	HIMSELF
EQUAL		

S H N E T P L M S M W P F U Q B R S B C
U B X C Q O G B Z O K K Y D Y O W I B D
D Y Y D D U O J R J U O D R E K D E A E
P R R V T O A K M K V G Q E W R F B A L
E L I C E W R L M U L V H E T O U N E B
E Y S A K Y U E R E K A R T R R S C D U
H T E R R B H E H P L B W E Z W A K A O
S I J R A E H I E T E A C K E C T P M R
L M E Y M T C R M H A F S R W H O L E T
P R W G O H S K X S W F E U G N O T J D
H I S N N E F P N A E D B P R U Q B E P
D F A B C S A F T E S L A Y Y E Y O S O
E N D U Y D D E I J W A F O O R J K U O
B I T R N A R I M M E D I A T E L Y S L
P E Z L Z J L U F W A L Q D L P Y N X P
S A B B A T H Y U S E H C R O P C S C O

THE BEATITUDES

Matthew 5:1-12

MULTITUDES	MOUNTAIN	DISCIPLES
CAME	TAUGHT	BLESSED
POOR	SPIRIT	THEIRS
KINGDOM	HEAVEN	MOURN
COMFORTED	HUNGER	RIGHTEOUSNESS
THIRST	FILLED	MERCIFUL
OBTAIN	PURE	HEART
SEE	GOD	PEACEMAKERS
CALLED	CHILDREN	SAKE
REVILE	PERSECUTE	MANNER
EVIL	FALSELY	REJOICE
EXCEEDINGLY	GLAD	GREAT
REWARD	PROPHETS	

S P I R I T Y F X P M H I E P Q I G U D
S E K S A N I S D S M O U D Y V O W X I
T C T K E L Z E B M R O U N A D R H V S
E I T H L D T C N L A E D N G L P E C C
H O M E E R U E T S E N K G T E G A L I
P J D O O I R T H A A S N A N A R V U P
O E G F U D R U I B E K S E M I I E F L
R R M C L R Y S R T W R E E R E K N I E
P O D I X O N R S K L P G D D R C V C S
C E H T R I G H T E O U S N E S S A R W
V C F A L S E L Y N X P M K T L R E E S
U U S Y L G N I D E E C X E G H L O M P
R E V I L E Z E T U C E S R E P G A O V
V O B T A I N D R A W E R C A M E U C P
C L I V E F I B F P U R E F P F N G A A
K N X P F W A T R A E H I Z H H S H N T

TREASURES IN HEAVEN

Matthew 6:19-24

LAY	YOURSELVES	TREASURES
EARTH	MOTH	RUST
CORRUPT	WHERE	THIEVES
BREAK	THROUGH	STEAL
HEAVEN	HEART	LIGHT
BODY	EYE	SINGLE
WHOLE	FULL	EVIL
GREAT	DARKNESS	SERVE
MASTERS	HATE	LOVE
HOLD	DESPISE	OTHER
GOD	MAMMON	

W N E V A E H N S M E Y L S H L M R Z Z
H L N Y T E D D N J R V S M E R E H T O
E J K H L V Y Q O B U H I U X R H S T N
R V T O G R E A T G S N C L K E V D J O
E O H I I K T V L X T O N V A A E E T E
M W E R B P E R W H R M Q R L A E V P S
T H I E V E S D E R E M T H R O E R Q R
F U L L M U E B U A E A Q T G L V Z B E
L L Q S M S E P O G S M H F Z U U E L T
A R C F P L T M B D P U O F Q Z O W I S
E Y H I G O Z Q G F Y B R M E R J R G A
T Y S N O B S L Y O U R S E L V E S H M
S E I U M Q S H T P Q V J V S E P U T T
U S E Y E Z Z G S S X Y R Z C T P U D C
Y N S Z P Q H M Y K C P K T G A P E Q I
O O H S Q D P S S E N K R A D H O L D S

THE TWO FOUNDATIONS

Matthew 7:24-29

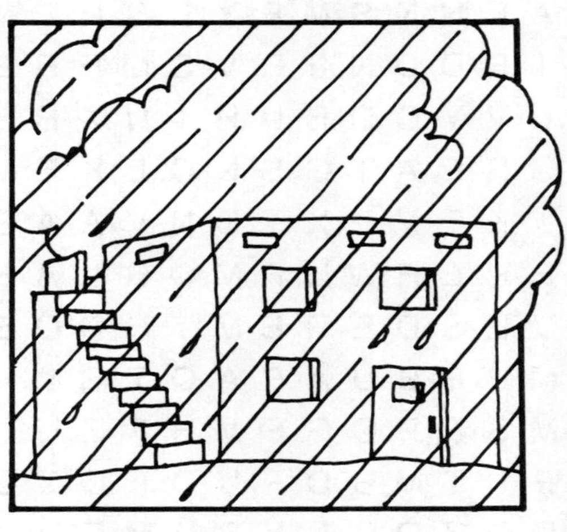

THEREFORE	WHOSOEVER	HEARETH
THESE	SAYINGS	MINE
DOETH	THEM	LIKEN
WISE	MAN	BUILT
HOUSE	ROCK	RAIN
DESCENDED	FLOODS	CAME
WINDS	BLEW	BEAT
FELL	NOT	FOOLISH
SAND	GREAT	FALL
JESUS	ENDED	PEOPLE
ASTONISHED	DOCTRINE	TAUGHT
HAVING	AUTHORITY	

C G P U D C Y N S Z A U T H O R I T Y H
G S D E Q I O O D E R A I N Q Q N A S A
A K O T C S L E N W I N D S E Y W B U V
X M E X A T D I F O O L I S H K A U S I
Z I T T M N R V H T E R A E H B I I E N
E N H P E T T Z H K B F K C C V O L J G
N E N C C A A E R E V E O S O H W T P F
D R S O E H R Z G G S T K F A L L M C G
E E D B S E Q Y F U Y C A M L S A C G C
D L L E F A X Y O F O Y K U T N D Z D W
A A Y O T S Y H W R O X W C G H C F Z T
Y U R A M B D I A S T O N I S H E D Q T
Z E E L L H S O N N D N Q V G S T M E X
E R V E M E N E O G F N A H E P K H L K
G M W E L P O E P L S J A H B A T O N D
J X P S N U Q D L X F E T S Z P I Y R W

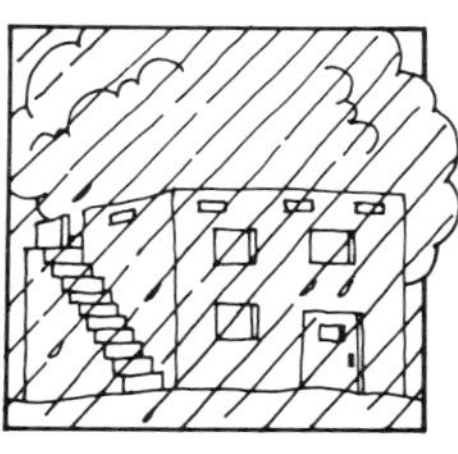

A SERMON ON LOVE

LOVE	ENEMIES	GOOD
HATE	BLESS	CURSE
PRAY	THEM	DESPITEFULLY
USE	SMITETH	CHEEK
OFFER	OTHER	TAKETH
CLOAK	FORBID	NOT
COAT	GIVE	SINNERS
LEND	RECEIVE	HOPING
NOTHING	REWARD	GREAT
CHILDREN	HIGHEST	MERCIFUL
MEASURE	PRESSED	DOWN
SHAKEN	TOGETHER	RUNNING
OVER		

G O U I B W J Q X V G R E A T D O O G P
Q I F I U D R Q K X V S E R U S A E M A
A E V F X N M K T L H O L Z D Z P E G M
F C T E E L E E M A M O J M N Q O J N T
D S H A X R O K H K K W P M E S R L I Z
F K E E H C W V A T F E T I L R E U H N
S I N N E R S G E H I T T Y N V W F T S
H Y L L U F E T I P S E D H I G A I O M
R B D T A O C N O E C C S E S C R C N I
U L W E U J E C H G C L C E D O D R O T
N E C S S R I G E U E E O N I R O E T E
N S E T D S I P R P R T W A Q M V M H T
I S A L P H E S C R C O H B K V E K E H
N V I I K G E R V A D A J E P C R N R N
G H K N W I W T P Y N O T R R A I N E K
C O H H J G Y D K M Y D I B R O F N G F

PARABLE OF THE SOWER

GATHERED	GREAT	MULTITUDE
ENTERED	SHIP	TAUGHT
MANY	THINGS	PARABLES
DOCTRINE	HEARKEN	BEHOLD
SOWER	SOME	FELL
WAYSIDE	FOWLS	AIR
DEVOURED	STONY	GROUND
IMMEDIATELY	SPRANG	DEPTH
EARTH	SUN	SCORCHED
ROOT	WITHERED	THORNS
GREW	CHOKED	YIELDED
FRUIT	GOOD	INCREASED
FORTH	THIRTY	SIXTY
HUNDRED	EARS	HEAR

T V E D I S Y A W P P Z L Z J X W G N Y
U Q V E P Y N X D P K I E P Q D O U I S
B K A G R O U N D E E G W Y O O W E T F
A R E W O S N I K N P N I C D R L O D Y
M T V C K V C T P V K T T E G D O E C N
T H D E S A E R C N I R H E E R K K E E
H D E R U O V E D I I C E D R O E D P K
I F D T H I R T Y N R D R S H E U A S R
N S O E A R T H E O F E E C P T D N T A
G H J W R Y A W C E A R D T I R B U O E
S I T V L E P S L I Y D U T H E A S N H
N P E D I S H L R X P N L I H G I N Y S
I M M E D I A T E L Y U A O T X U O G O
E S N R O H T Z A I M H L M T V Q A V M
F O R T H E A R S G P D K Y K G Q P T E
P A R A B L E S C D S K F W E R G X A K

FIVE THOUSAND FED

Mark 6:32-44

DEPARTED	DESERT	PRIVATELY
PEOPLE	KNEW	TOGETHER
JESUS	MOVED	COMPASSION
TOWARD	SHEEP	SHEPHERD
TEACH	DISCIPLES	TIME
PASSED	SEND	COUNTRY
ROUND	VILLAGES	THEMSELVES
BREAD	NOTHING	ANSWERED
LOAVES	FIVE	FISHES
COMMANDED	COMPANIES	GREEN
GRASS	RANKS	HEAVEN
BLESSED	FILLED	TWELVE
BASKETS	FRAGMENTS	

T U Q B F J G R A S S S E G A L L I V K
E D Y I E E N S R A N S E N D J D J X O
A R V S V P T D E S N O H O N E E T V E
C E U L E O E R K L E S T W V N L U Q V
H S E E W T O K S E P I W H U U L D K T
A W H A R U L R N E Y I N E I E I E Q O
T S R A N O N D L A V H C A R N F S F G
C D P D A N R P E O P L E S P E G S R E
I E F V E E W E N K N R E A I M D A A T
D T E E H C O U N T R Y A S V D O P G H
S S R P C O M P A S S I O N M E G C M E
E G E E Y O W I N E D Y Y D K E N J E R
H H O R S B A S K E T S N E H S H M N T
S E Q P N E D E S S E L B V X W I T T U
I D A E R B D P P K I E P O I T U U S B
F Y L E T A V I R P C O M M A N D E D A

THE GOOD SAMARITAN

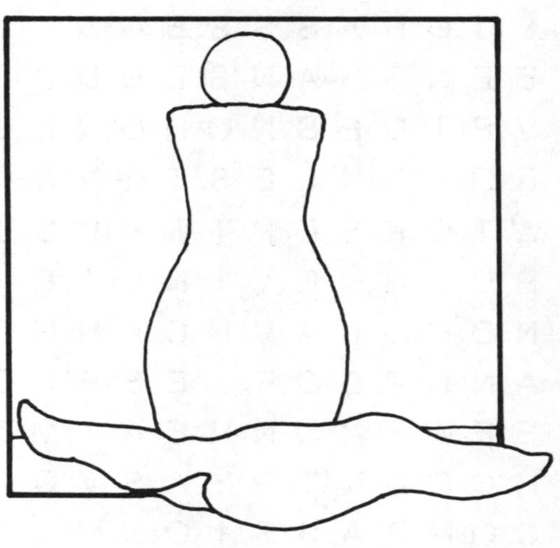

TEMPTED	MASTER	INHERIT
ETERNAL	LIFE	ANSWERING
LOVE	LORD	HEART
SOUL	STRENGTH	MIND
NEIGHBOR	THYSELF	JERUSALEM
JERICHO	THIEVES	STRIPPED
RAIMENT	WOUNDED	LEAVING
HALF	DEAD	PRIEST
LEVITE	LOOKED	PASSED
SAMARITAN	JOURNEYED	COMPASSION
BOUND	WOUNDS	BROUGHT
INN	HOST	TAKE
CARE	SHOWED	MERCY

T E M P T E D R S B C U B S C A F G B Z
C K K Y D P O L D N I M O H E T I V E L
J X O O R Y R D O A D U R T D H D N E M
J E R I C H O I S V L E J G A S E D L A
U Q F R T D W T E R E E Y N E A W N E N
B K E L E I R O G S R N T E D M O U A E
T M T K A I R N U U T O N R N A H O V I
M H O H P H I E S N B I E T Q R S B I G
H O Y P I R D A H R D S M S E I U L N H
L O E S E E L E O N C S I I T T D O G B
M D S W E E V U D R I A A N E A C R J O
B Z S T M L G E T N I P R N R N D D V R
J N J X O H F R S D U M A E N L I F E R
A M T V T M A S T E R O P P A S S E D V
T A K E V E P Y N X P C W I L P Q I Y U
U S B K H A N C S C O D R G U Y V O W X

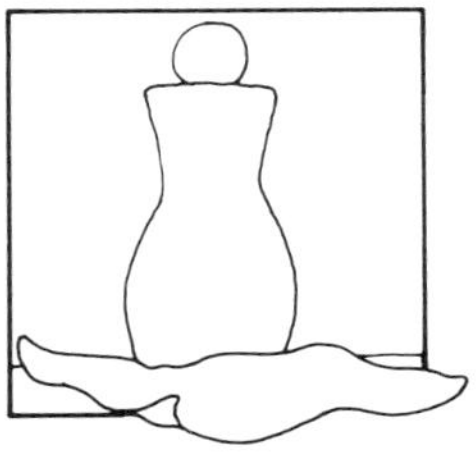

THE LOST COIN AND THE LOST SHEEP

Luke 15:3-10

SPAKE	PARABLE	MAN
HAVING	HUNDRED	SHEEP
LOSE	LEAVE	NINETY
WILDERNESS	LOST	FIND
LAYETH	SHOULDERS	REJOICING
CALLETH	TOGETHER	FRIENDS
NEIGHBORS	REJOICE	LIKEWISE
JOY	HEAVEN	OVER
SINNER	REPENTETH	WOMAN
TEN	PIECES	SILVER
LIGHT	CANDLE	SWEEP
HOUSE	SEEK	DILIGENTLY

WOMANKZLZNIKNPSAVQTS
VJYMTUCKVSTPSHRKGQOW
CCXMHFIBREDSTSEFNEGE
WILDERNESSREIEJHSCEE
LOSELRDUFOTDLCOCUITP
AFNOELOLBNSIWEIEDOHD
DESNUHAHEIKLDICKLJEJ
TTNOMYGPLENIDPIEEERO
XIHDEIEVWSYGGPNELRPY
SSUTEREIMLDEYNGSBUSV
OWHNERSKEAZNTKIPAAHD
RVVVYEDAAKNTEHVVRKEN
PJOCXMVNIPFLNIGFAFEI
XCALLETHUHSYIXRIPHPF
NDFHEAVENHFUNBRFLCUB
XCAFGBZCKKYDELDNACDY

29

A LOST SON

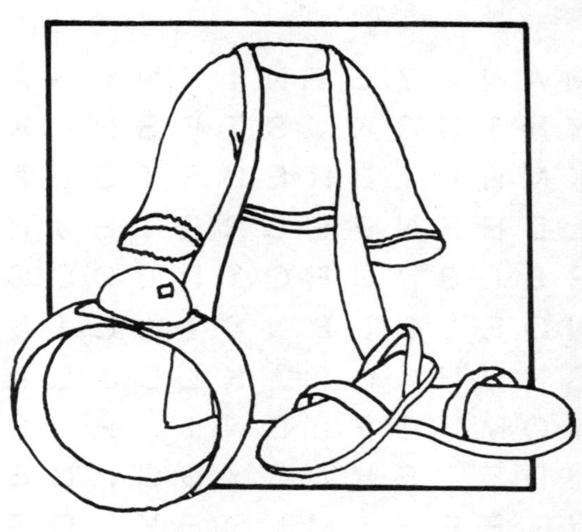

TWO	SONS	YOUNGER
SAID	GIVE	PORTION
GOODS	TOOK	JOURNEY
WASTED	SUBSTANCE	RIOTOUS
LIVING	MIGHTY	FAMINE
JOINED	HIMSELF	CITIZEN
FIELDS	FEED	SWINE
FILLED	BELLY	HUSKS
SERVANTS	BREAD	ENOUGH
PERISH	HUNGER	FATHER
COMPASSION	KISSED	BRING
ROBE	RING	SHOES
FATTED	CALF	MERRY
DEAD	ALIVE	LOST
FOUND		

E N O U G H S M B R E A D M E R R Y G U
Y V O E S E I R I O T O U S D K N F S H
V Q C K N G Y M T V C K V C T E V A I K
G Q S O H I R M H F G N I V I L N M P F
F U X T M E W W F S D L E I F X S I H H
H A Y D G P A S U B S T A N C E J N O C
U B T N A S A H U N G E R F L O W E P J
D D U H T P H S D S X O L F U K D E A K
L O E E E O F O S T N A V R E S R B P I
Y B D L X R V A E I C O N E Z I T I C S
F E F Q L T U G T S O E S N S A I D D S
E L T O R I X I N T Y N Z H S D O O G E
E L O O U O F V T I E G N I R D E A D D
D Y G S O N B E W M R D E V I L A S K F
P F N G T K D E O P F B A H I O K X I Z
H H S H N D F P L M G M B P F U Q B R S

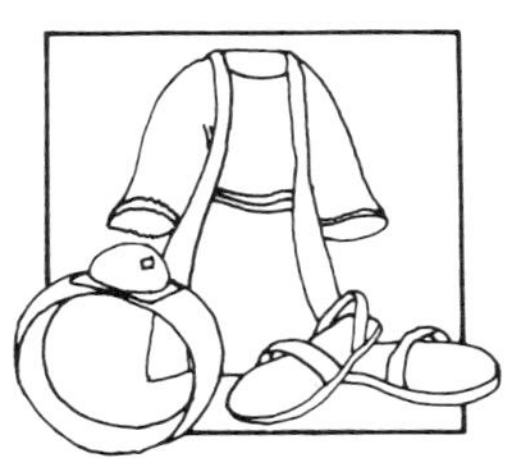

WHO IS THE GREATEST?

Matthew 18:1-6

SAME	TIME	CAME
DISCIPLES	SAYING	WHO
GREATEST	KINGDOM	HEAVEN
JESUS	CALLED	MIDST
THEM	SAID	VERILY
EXCEPT	CONVERTED	BECOME
LITTLE	CHILDREN	SHALL
NOT	ENTER	WHOSOEVER
THEREFORE	HUMBLE	RECEIVE
NAME	OFFEND	ONES
BELIEVE	BETTER	MILLSTONE
HANGED	ABOUT	NECK
DROWNED	DEPTH	SEA

R G U Y E O W X E F A Q K Z L Z N N K N
C S A V Q N V V D Y S U S E J S O T P V
H A B O U T T C C N M H T I A T C D S K
I P F B P X A E N R E S W Y E I O K X B
L H H E E L D O R L E F I B V F U D B E
D B C U L L C H F T B N F K I Y I D O T
R X K E Y Y I W A I G D J O E S E E M T
E E D I R E V E O S O H W W C B L T I E
N K R Z N Z R X V V L T T I E E B R L R
P P C O E G H N Y E I I P H R C M E L C
S A M E F A D O A M H L T Z E O U V S I
D R O W N E D O E M E T T T V M H N T L
P V K G K G R P M S E R P S L E S O O L
S K E M A C H E A V E N P E D E E C N A
X D S A I D H N H O N E S G D I A F E H
B R S B C U B X C T Y L I R E V M Y D S

TEACH US TO PRAY

Luke 11:1-10

PRAYING	CERTAIN	PLACE
DISCIPLES	TEACH	FATHER
HEAVEN	HALLOWED	NAME
KINGDOM	COME	WILL
DONE	EARTH	DAILY
BREAD	FORGIVE	SINS
EVERY	INDEBTED	LEAD
NOT	TEMPTATION	DELIVER
EVIL	FRIEND	MIDNIGHT
LOAVES	TROUBLE	DOOR
SHUT	ASK	GIVEN
SEEK	FIND	KNOCK
OPENED		

Y D W I D E D Y Y D D V I J D J X O O R
M K O O A A L C S V S L K E M T V E Q K
N D O N P P O E Z J E E V N Y U Q V L E
E R X P E M V P L A C E L R O B K I D E
V S C O E A G U D F O K E P H C Q G A S
I D E W O L L A H Q I V I E I M K R E T
L C T L V K L K G D E N A N X C A O R R
T E M P T A T I O N E V D N G I S F B O
I D K X Y Z H H S H E L F G N D K I B U
S U D L R S B C U N X C I D N H O C D B
Y H I E N I A T R E C D E V I I C M X L
O A U K N H T R A E N B H O E E Y A V E
D P N T D E P O Z L T J X W V R Z A E V
L E M A N P P K N E M I D N I G H T R T
A R E H T A F O D S N I S W I L L A Q P
F R I E N D G I V E N Q R V V J Y M T V

SEEK FIRST HIS KINGDOM

Luke 12:22-30

DISCIPLES	THEREFORE	TAKE
THOUGHT	LIFE	EAT
BODY	MEAT	RAIMENT
CONSIDER	RAVENS	SOW
REAP	STOREHOUSE	BARN
FOWLS	STATURE	CUBIT
LEAST	REST	LILIES
GROW	TOIL	SPIN
SOLOMON	ARRAYED	CLOTHE
GRASS	FIELD	OVEN
FAITH	DOUBTFUL	MIND
NATIONS	SEEK	FATHER
NEED		

S O W O N E M T R A I M E N T B P P Z L
O J X P L N I P S T E P Y N X P P K I E
L Q L I A U K E S Z A K S S A R G E G U
O V O E X E L E T K Z L A N I K A P S C
M T D V A P R H E S C K V T T T V E O T
O Q P E I S G M N S I M I N D S H N P H
N G X C Y U T E S U O H E R O T S Z N E
E H S D O A V C U B I T F U O I R R A R
E I X H A A R L I F E F Y L D B W E T E
D H T M R V I R D J I L C E O K R H I F
L T G E H O N E A E V I R D N U D T O O
Z I R A X W V N L U Q L Y S T N X A N R
I A O T I Y U D S B K I A A L S E F S E
G F W D O U B T F U L E T L Z W I V N P
S A V N R A B J Y M T S C K V C O P O K
L K G Q P J C C X M H F I B F C D F K F

LAZARUS LIVES AGAIN

John 11:20-46

MARTHA	HEARD	JESUS
COMING	MARY	HOUSE
BROTHER	DIED	RISE
AGAIN	RESURRECTION	LIFE
BELIEVETH	SHALL	LIVE
COMFORTED	GRAVE	WEEP
GROANED	SPIRIT	TROUBLED
CAVE	STONE	GLORY
LIFTED	EYES	FATHER
CRIED	LAZARUS	COME
FORTH	BOUND	HAND
FOOT	LOOSE	

L C R I E D M T C O M F O R T E D L K B
I P J D C X M H G H G N I M O C A P F R
F X A R N X P L T A H I O K X G Z H H O
T N M A P L O E D B P F U Q A R S B C T
E X A E F R V E C K K Y D I O W I N E H
D Y R H Y E I S H A L L N M K D P A A E
G S Y E I D L E N O I T C E R R U S E R
R Z P L H I N S D N U O B W N X P P D E
O L E I F T H I B K Z A N C E C O E R V
A B O E R A A R A H K S L Z G E L N P A
N V Q O N I J F T T V C U R C B P A S C
E G Q D S C T R M H F S A R U D H K T P
D N G E A E O X P F W V U O A T X E O H
H S Y N D F C O M E E B R S R Z B V N B
C E B X C A F T O O F T K A E Y A I E N
H O U S E D V I J D J X M O R J K L P A

JESUS WASHES HIS DISCIPLES' FEET

John 13:1-17

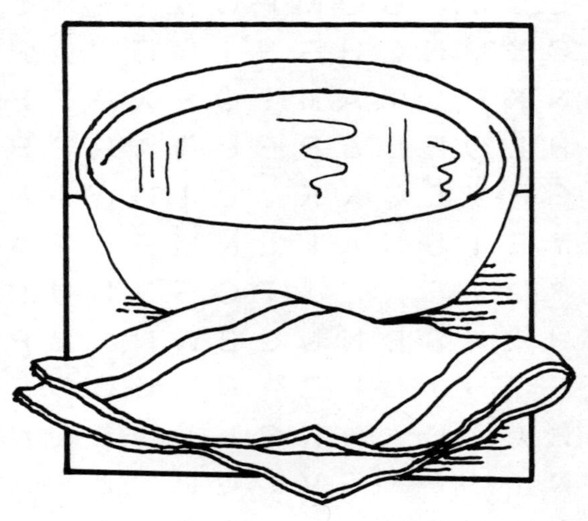

KNOWING	FATHER	HANDS
SUPPER	LAID	ASIDE
GARMENTS	TOWEL	GIRDED
WATER	BASIN	WASH
DISCIPLES	FEET	WIPE
SIMON	PETER	JESUS
ANSWERED	KNOW	HEREAFTER
HEAD	CLEAN	BETRAY
MASTER	LORD	ANOTHER
GIVEN	EXAMPLE	SERVANT
GREATER	THINGS	HAPPY

K F B E T R A Y I D G Z L B N J H D O R
D R A R E P P U S L J V D D O A P I B Z
R S V T D H V M E C S N R A N R R S U N
O R N W H A D W A N M D N D K X E C J T
L E U N U E O Z M S E O S D C L T I E H
U T A O I T R S M R T H B D Q D A P S I
G A R M E N T S E H B E A O O H E L U N
D W K I C Y S W E R T A R P E C R E S G
G M I S X D S R G B V X S R P B G S I S
I Z W L N N A I L C H A E I K Y N R D T
V M B T A H A E Q W N A N N N R D Y N F
E B E H S L K E H X F Y W T A E E S R E
N S N A X Y P P L T X J B U D O F T I E
U S W E D I S A E C F G E X A M P L E T
W S U J W L K R J B Z O J P C V A R W P
D H K N O W Z D I A L L G N I W O N K Y

THE LAST SUPPER

PASSOVER	DISCIPLES	PREPARE
GUEST	CHAMBER	LARGE
UPPER	ROOM	FURNISHED
READY	TWELVE	JESUS
BETRAY	SORROWFUL	DISH
NEVER	BORN	TOOK
BREAD	BLESSED	BRAKE
TAKE	EAT	BODY
CUP	GIVEN	THANKS
DRANK	BLOOD	NEW
TESTAMENT	SHED	MANY
FRUIT	VINE	KINGDOM
SUNG	HYMN	WENT
MOUNT	OLIVES	

I J D J X O O R M K D P B A L R N V H O
N E T O O K Z P N D D B P L E E Z J X D
V N R U Q V L P Y N X P S K E V N Q I O
U R R E B M A H C T S E U G M S L I O O
Y E E O V N Z L W N L K E P O A S E V L
D J Y V O E R E F P T K V K D D O E W B
O C Y P O M N O I U A H K F G A R G D T
B U N R F S A C B T R X A Z N E R Y N D
F P A E T E S T A M E N T N I R O A X M
O L M P E I K A D F Y S I I K B W R G O
L S A A D J X R P D R H H S A S F T I U
I U T R M T A E A P E U Y E H P U E V N
V N H E G N Q E L P Y K I M D E L B E T
E G S U K E R W E N T S A T N R D U N V
S W I U P P E R J E S U S R N P S A V Q
R V D J Y M T V C K V C T P B K L K G Q

FATHER FORGIVE THEM

Luke 23:27-34

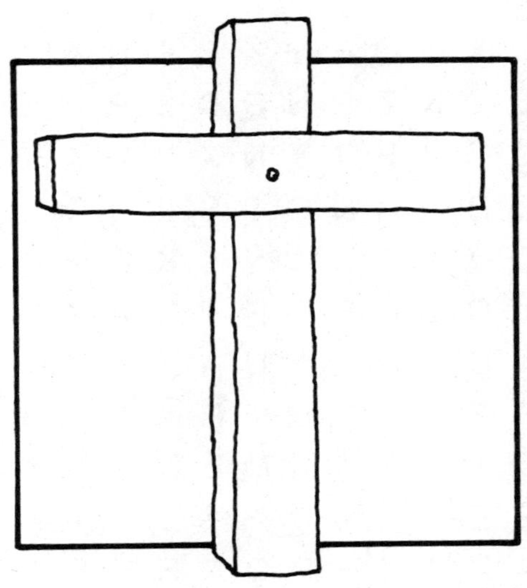

FOLLOWED	GREAT	COMPANY
PEOPLE	WOMEN	LAMENTED
JESUS	TURNING	DAUGHTERS
JERUSALEM	WEEP	YOURSELVES
CHILDREN	BEHOLD	DAYS
COMING	BLESSED	BARREN
MOUNTAIN	FALL	HILLS
COVER	THINGS	GREEN
TREE	MALEFACTORS	DEATH
CALVARY	CRUCIFIED	RIGHT
LEFT	FATHER	FORGIVE
THEM	PARTED	RAIMENT
CAST	LOTS	

M B R F W G B L A M E N T E D W T N P D
O Y L I O O H T A E D O R M K H J A Y L
U E V E G R M M D T F E L N I E R P R S
N Z L X S H G E U A V L P N R T C P A U
T T Z P Y S T I N K Y A G U E C R D V S
A A V O O F E Y V N M S S D N I U N L E
I E Q R N E O D O E E A K V C T C T A J
N R Q E S C P L H U L R B F C D I U C T
F G E T A H N T L E R A D I O Y F R N N
H R O N I F P L M O M S P L N Z I N E E
G L B L C O V E R Z W K E A I G E I R M
M A L E F A C T O R S E P L N H D N R I
A S R E T H G U A D R M D I V N C G A A
P Z F A L L W V N T O Q M L P E N X B R
F A T H E R Y U U C B O Z A N C S C O D
R G B E H O L D E F C W E E P T S A C N

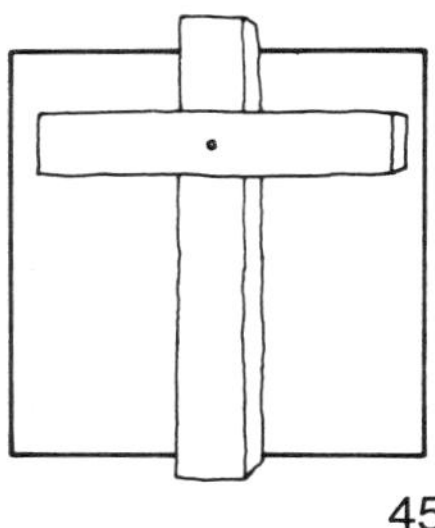

TEACH ALL NATIONS

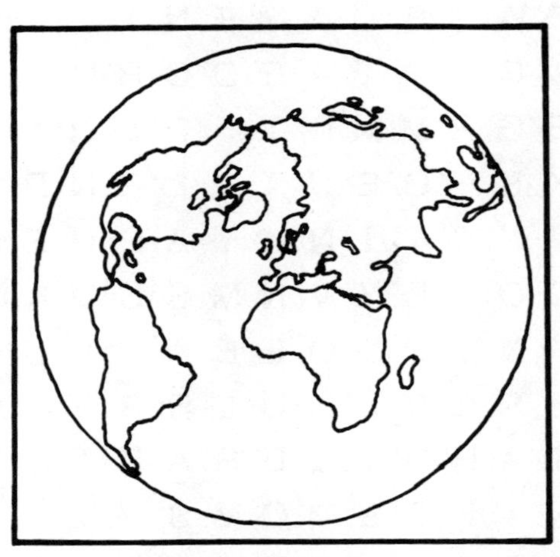

AFTERWARD   APPEARED   ELEVEN
UPBRAIDED   HARDNESS   HEART
BECAUSE   RISEN   WORLD
PREACH   GOSPEL   EVERY
CREATURE   BELIEVETH   BAPTIZED
SAVED   DAMNED   SIGNS
FOLLOW   NAME   CAST
DEVILS   SPEAK   TONGUES
SERPENTS   DRINK   DEADLY
THING   HURT   HANDS
SICK   RECOVER   SPOKEN
RECEIVED   HEAVEN   FORTH
CONFIRMING   WORD

H V V J Y M T V T K P R E A C H S K G Q
P A C C X M H F G O F C D S D R P F N G
X A N N X P F W A O N O K X E E O H S D
N D E D I A R B P U S G Q B V V K C U E
X C K F S T Z C K K A P U B A O E E D V
K C O N F I R M I N G F E E S C N D B I
A V H D I N M U Y E C L T L S E C E E L
E J X W E R Z L H W I R S E X R A N C S
P Z S V U V D B O E A N E I R O S M A D
S V A S X A I R V K Z L Z A G W T A U E
V E R V E W D E Z I T P A B T N A D S R
H Y P D O N T M C F I B F N E U S R E A
W O R L D H D P F E A H I V E M R Z D E
S H L E F P L R S E R P E N T S A E B P
U O X C V F T R A E H L Y D T H I N G P
F S I C K E I J D H E O F O R T H R A A